CATALOGUE

DES

GENTILSHOMMES

D'ALSACE

CORSE, COMTAT-VENAISSIN

QUI ONT PRIS PART OU ENVOYÉ LEUR PROCURATION AUX ASSEMBLÉES DE LA NOBLESSE
POUR L'ÉLECTION DES DÉPUTÉS AUX ÉTATS GÉNÉRAUX DE 1789

Publié d'après les procès-verbaux officiels.

PAR MM.

LOUIS DE LA ROQUE ET **ÉDOUARD DE BARTHÉLEMY**

PARIS

E. DENTU, LIBRAIRE | AUG. AUBRY, LIBRAIRE
AU PALAIS-ROYAL | 16, RUE DAUPHINE

1865

Tous droits réservés.

AVERTISSEMENT

L'Alsace, réunie à la France par le traité de Westphalie en 1648, avait fait autrefois partie de l'empire de Charlemagne. Elle formait un duché qui fut attribué à l'empereur Lothaire, fils de Louis le Débonnaire. Après la mort de Louis IV, roi d'Austrasie, elle servit d'apanage à la maison d'Hohenstaufen, qui a donné quatre empereurs à l'Allemagne (1).

Strasbourg ne fut réuni à la couronne qu'en 1681, par le traité de Riswick.

Les dix villes impériales Haguenau, Landau, Wissembourg, Colmar, Schlestadt, Kaiserberg, Turckheim, Munster, Oberheinheim et Rosheim avaient droit de séance, voix et suffrage aux Etats-Généraux connus dans l'empire d'Allemagne sous le nom de *Diètes*.

Elles perdirent ce privilége par leur réunion à la France, mais en conservant toutefois les droits d'États immédiats qui ne peuvent être imposés que de leur consentement, et par le concours de leurs

---

(1) Les armoiries de la Haute-Alsace étaient : « D'Azur à la bande d'or accostée de six couronnes du même posées en orle; » celles de la Basse-Alsace : « De gueule à une barre dentelée d'or. »

députés dans l'assemblée des Etats-Généraux. C'est en vertu de ces stipulations que la ville de Strasbourg et les villes ci-devant impériales de la Haute Alsace envoyèrent des députés particuliers, sans distinction d'ordres, aux Etats-Généraux de 1789. Les six districts de l'Alsace ne formèrent que trois colléges électoraux, pour diminuer le nombre des assemblées d'élection. Haguenau vota avec Wissembourg, Colmar avec Schlestadt, Belfort avec Huningue. Le Clergé et la Noblesse de Strasbourg furent convoqués à l'assemblée de Haguenau et Wissembourg.

L'Alsace correspond aujourd'hui aux départements du Haut-Rhin et du Bas-Rhin.

La Corse, unie à la France depuis vingt ans, en 1789, n'était liée, pour la députation à faire aux Etats-Généraux, par aucun usage établi. Un arrêt du conseil du 11 mars 1789 fixa à quatre le nombre des députés de l'île de Corse aux Etats-Généraux, dont un pour l'ordre du clergé, un pour celui de la noblesse et deux pour celui du tiers Etat. Ces députés furent élus par des électeurs de leur ordre nommés dans les assemblées primaires des onze juridictions royales d'Ajaccio, Aleria, Bastia, Bonifacio, Calvi et Balagne, Cap-Corse, Corte, La Porta d'Ampugnani, Nebbio, Sartène et Vico (1).

La population était alors d'environ 148,000 âmes. L'assemblée générale fut tenue à Bastia.

La Corse était un pays d'Etat administré par un intendant. Le conseil supérieur institué en 1768 y tenait lieu de Parlement, de Chambre des comptes et de Cour des aides. Le Gouverneur militaire de l'Isle, l'Intendant et douze gentilshommes élus dans les juridictions royales, composaient les Etats. Ces douze membres demeuraient alternativement, de mois en mois auprès de l'Intendant, pour y traiter les affaires de ceux dont ils tenaient leurs pouvoirs.

Le comtat ou comté Venaissin, réuni à la France le 14 septembre 1791, ne prit aucune part aux assemblées de la Noblesse fran-

---

(1) La Corse ne paraît pas avoir eu d'armoiries particulières. Elle portait sur ses étendards *trois têtes de maure*.

çaise en 1789; il faisait partie depuis 1274 des domaines temporels du Saint-Siége. Le chef du gouvernement, nommé directement par le Pape, avait le titre de *recteur* et résidait à Carpentras. Mais la suprême autorité appartenait au vice-légat, qui tenait sa cour à Avignon. Cette ville formait avec le bourg de Morières un Etat indépendant du comté Venaissin.

Le titre de comté (*comitatus*) est donné pour la première fois à la terre du pays Venaissin (*terra Venaissini*) dans un hommage de Pierre Rostagni, évêque de Carpentras, à Guillaume de Villaret, grand prieur de Saint-Gilles, premier recteur nommé par Grégoire X, le 9 des kalendes d'avril 1274.

Les Etats du comtat Venaissin, dont l'origine remontait au XIVe siècle, se réunissaient tous les ans à Carpentras, au palais rectorial, en présence du recteur, pour traiter des affaires de la province. Le premier consul de Carpentras était syndic-né des Etats de la province; les Trois Ordres y étaient représentés. Les seigneurs vassaux du Saint-Siége formaient l'ordre de la noblesse; les nobles qui ne possédaient pas de fiefs votaient avec le tiers.

Tous les nobles, sans distinction d'origine pouvaient posséder des fiefs. Cette origine de la noblesse comtadine et avignonaise se ramène aisément à trois sources différentes : l'extranéité, pour les familles nobles italiennes ou françaises; la possession de charges nobles établies dans la province; l'admission au grade de docteur en droit ou en médecine, et successivement à l'état de gentilhomme.

Les charges nobles étaient celles : de vice-recteur de la province; de trésorier de la chambre apostolique; d'avocat et procureur général de Sa Sainteté; de secrétaire en chef du tribunal de la chambre apostolique. Les lettres portant création de ces charges ne les qualifiaient que d'*offices nobles*, sans faire mention que les possesseurs pourraient transmettre la noblesse à leurs descendants.

On ne considérait comme charges anoblissantes et transmissibles de noblesse que celles : de président de la révérende chambre apostolique depuis 1700; et de chancelier de la cour supérieure de la rectorie déclarée transmissible par bref spécial (1).

Le primicier de l'Université résidant à Avignon, chef de toutes

---

(1) Tiré du *Mémoire sur la noblesse du Comtat*, préparé pour être présenté à S. S. de la part des trois Etats de la province, délibéré dans une assemblée extraordinaire, le 17 octobre 1785 (*Bibl. de Carpentras*).

les facultés, avait, depuis François Ier, le titre de gentilhomme de la Chambre du Roi.

En vertu de maintes ordonnances de nos rois, la noblesse de ce pays était assimilée à la noblesse française. Ses membres, jouissant de tous les priviléges des régnicoles, servaient dans les armées, étaient admissibles aux pages, aux écoles militaires, aux chapitres et à la Cour.

Le territoire d'Avignon et le comtat Venaissin correspondent au département de Vaucluse.

Paris, 25 mai 1865.

CATALOGUE

DES

GENTILSHOMMES D'ALSACE

CORSE, COMTAT VENAISSIN

BAILLIAGES DE BELFORT ET HUNINGUE

Procès-verbal de l'Assemblée générale des trois ordres des bailliages de Belfort et d'Huningue, et des bailliages secondaires de Brenstatt, Altkirch, Ferrette, Thann, Massevaux, Ollveiller, etc. (1).

26 mars 1789.

(*Archiv. imp.*, B. III. 27. p. 121, 145-152.)

François-Joseph, baron de Schauenbourg, Sgr de Soultzbach, etc., chevalier honoraire de l'ordre de Malte, conseiller, chevalier d'honneur d'épée au conseil souverain d'Alsace, conseiller assesseur au directoire de l'ordre de la noblesse d'Empire, procureur syndic de l'Assemblée d'Alsace, faisant fonctions de bailli d'épée.

---

(1) Nous croyons devoir faire observer qu'un certain nombre de familles nobles de l'Alsace ont pu ne pas figurer dans les assemblées de la noblesse, pour cause d'absence, de maladie ou d'abstention.
La liste que nous publions a été revue sur la minute du procès-verbal des Archives, B. a. IV, 12.

Claude-Joseph Mengaud, faisant fonctions de lieutenant-général au bailliage.
François-Xavier Mathieu, faisant fonctions de procureur du Roi.

NOBLESSE.

De Baudoin de Montaigu, secrétaire de l'ordre de la noblesse.
Le baron d'Andlau de Birseck, et pour son frère le chanoine.
— Le comte d'Andlau.
— Le baron d'Andlau de Hombourg.
— Le baron d'Andlau, chanoine de Lure.
— Mme d'Andlau, douairière de Kingersheim.
— D'Antès de Blotzheim.
De Barbier.
De Barthe.
De Beaudouin.
De Bergeret.
— De Berckheim de Schoppenvihr.
— Chrétien-Louis de Berckheim.
— Louis-Charles de Berckheim.
Le baron de Bernfeld, et pour son frère.
— Le baron de Besenvald, le général.
— Mme la baronne de Bensenvald (Besenval).
— Le prince de Broglie.
— Clebsattel, grand bailli de Thann.
— Le baron de Cointet, maréchal de camp.
— Le baron de Diétrich.
Le baron de Dillon.
— Sigismond de Dillon.
Le baron d'Eptingen.
Le baron Ignace d'Eptingen.
Le baron de Ferrette de Florimont.
— De Ferrette, commandeur de Malte de Carspach, colonel de cavalerie.
— De Ferrette d'Auxelles.
— De Ferrette de Saint-André.
Le baron de Ferrette, grand veneur, et pour son père.
— De Flachslanden, maréchal de camp.
— Le bailli de Flachslanden.
Le comte de Froberg, capitaine de Royal-Allemand.
Le comte de Froberg, capitaine de hussards.
Le baron de Gohr.
— De Halwille.
— S. A. le prince de Heitersheim.
— Huvelin de Bavillier.
— Le baron Ferdinand de Joham.
— Philippe-Jacques de Joham.

De Klinglin d'Essert.
— De Klinglin, maréchal de camp.
Le baron de Kloekler, maréchal de camp.
Le baron Xavier de Kloeckler.
— De Lamoignon de Senozan.
Le baron de Landenberg de Soultzmatt.
—. De Landenberg d'Illzach.
De la Touche.
— Le chevalier de la Touche.
Le baron de Maltzen.
— Le marquis de Miramon.
— Madame de Montaigu, née de la Touche.
Le comte de Montjoye de Vaufrey.
Le comte de Montjoye d'Hirzingue.
De Noel.
De Nonancourt.
— Henri-Frédéric de Neuenstein.
— De Neuenstein, stettmeister.
— La baronne d'Oberkirch née Valdener.
— D'Ocquelly.
— De Peschery.
— Le marquis de Pezeu.
Le baron de Reding.
— Madame de Reding, douairière.
Le baron de Reichenstein de Brubach.
— Tadey de Reichenstein.
— Jean de Reichenstein.
— De Reichenstein de Bieterthal.
Le comte de Reinach de Foussemagne.
Le baron de Reinach d'Hirtzbach.
— Le baron de Reinach de Heidwiller.
— Le baron de Reinach de Frœningen.
Le comte de Reinach, capitaine dans Royal-Allemand.
— Le comte de Reinach, chevalier teutonique, capitaine dans Alsace.
— Le commandeur de Reinach d'Hirtzbach.
— De Reinach, chanoine d'Herlisheim.
Le baron de Reinach de Steinbronn.
— De Reutner.
Le baron de Rinck,
— Le baron de Rinck père.
Le baron de Rolle,
— Madame de Rolle.
— De Rotberg.
— De Rotberg de Wentzweiller.
De Salomon de Suarce.
— De Salomon, conseiller à Colmar.
Le baron de Schauenbourg, bailli d'épée, et pour son frère le chevalier.
Le baron de Schoenau.

De Schwilgué.
— Madame de Staal, née de Reinach.
— De Truchsess, le président.
— Madame la baronne de Tschudi, née comtesse de Reinach.
Le commandeur de Waldener.
— Le baron de Waldener de Sierentz.
— Le comte de Waldener d'Ollwiller.
— Le duc de Valentinois.
— De Verd de Reinach.
— De Vesemberg, grand prévôt de Spire.
— Le baron de Vesemberg.
— Le comte Robert de Vignacourt.
— Le comte Etienne de Vignacourt.
— Louis-Joseph de Vignacourt.
— Claude-Charles de Vignacourt.
— De Zering, grand doyen.
— De Zering, commandeur de Malte.
Le baron de Zuring.
— Didier de Zuring.
— Madame de Zuring, la douairière.

DISTRICTS DE COLMAR ET DE SCHLESTADT

Procès-verbal des séances de l'Ordre de la noblesse (1).

26 mars 1789.

(*Archiv. imp.*, B. III. 49.)

Charles-Louis-Victor de Broglie, prince du Saint-Empire romain, comte de Grammont, baron de Bollwiller, de Saint-Remy de Bethoncourt, de Montant, Sgr de Herrenstein, et des ville et Sgrie réunies de Massevaux et Rougemont, chevalier de Saint-Louis et de Cincinnatus, bailli d'épée.
De Muller, secrétaire de l'ordre.

DISTRICT DE COLMAR.

Etat des électeurs présents.

Le baron de Berckheim de Jebsheim.
Le baron Chrétien-Louis de Berckheim, de Ribeauvillé.

(1) La liste que nous publions a été revue sur le procès-verbal imprimé en 1789.

De Boisgautier de Reichstett.
Boug d'Orschwiller.
De Breck.
Le prince de Broglie.
De Broussey père et fils.
De Cambefort, Sgr de Hüsseren.
François-Xavier-Charles de Cambefort, avocat.
De Cointet.
De Golbéry.
Jean-Jacques, baron de Goll.
De Guillez.
Christophe-Frédéric de Hoehn.
Jean-Chrétien de Hoehn.
Philippe-Frédéric de Hoehn.
Jean-Charles de Hoehn.
Le baron de Landenberg d'Illzach.
De Langlais l'aîné.
Le chevalier de Langlais.
De la Sablière.
De Maswïr.
De Michelet.
De Mougé (Demougé).
De Müller, Sgr de Müller.
De Münck.
Le baron d'Oberkirch.
De Paluguay.
Perrin-Durudonne.
De Peschery.
De Poirot le jeune.
De Poirot l'aîné.
Louis-Alexandre, chevalier du Raget.
Pierre-François du Raget.
Le baron Chrétien-Samson de Rathsamhausen, de Fegersheim.
De Rayber.
De Salomon, conseiller.
Dagobert de Salomon.
De Salomon, capitaine au régt de Lauzun.
Louis-Dagobert de Salomon.
Le baron de Schauenbourg de Jungholtz l'aîné.
De Tissot.
Le baron de Truchsess, de Nideresheim.
De Valcourt.
Le comte de Waldener d'Olwiller.
De Zaiguelius, conseiller.
De Zaiguelius, commissaire des guerres.

Etat des électeurs représentés.

Le comte d'Andlau.
Le baron d'Andlau, chanoine.

Le baron de Bodeck.
De Boecklin de Boecklinsau.
Mme Boug d'Orschwiller mère.
Le comte de Choiseul-Meuse.
Le vicomte de Choiseul-Meuse.
De Clebsattel, à cause du fief de Niederhoff.
Mme la douairière de Dettlingen.
Le bailli de Flachslanden.
De Gayling d'Altheim.
De Gottesheim.
Mme de Gottesheim veuve.
Le baron d'Ichtersheim.
Le baron de Kempff, commandeur de l'ordre teutonique.
Le baron de Kirscheim.
L'abbé de Klinglin.
Le baron de Klinglin, Sgr d'Oberhergheim.
De Klinglin d'Essert.
De Landenberg de Wagenbourg.
Le baron de Neuenstein.
Le baron d'Oberkirch, stettmeistre.
Le baron de Rathsamhausen de Grusenheim.
Christophe-Philippe de Rathsamhausen, ancien colonel.
Mme la douairière de Rathsamhausen de Mietersholtz.
Mlle la baronne de Rathsamhausen, dame de Taubensand.
Le président de Salomon.
Le baron de Schauenbourg de Jungholtz, ancien officier au régt des Deux-Ponts.
De Schauenbourg cadet.
Le chevalier de Schauenbourg.
Mme la douairière de Schauenbourg de Niederbergheim.
Le baron de Schoenau.
Le baron de Spon.
L'abbé de Truchsess.
Le bailli de Truchsess.
De Truchsess, grand prieur d'Ascie.
Le duc de Valentinois.
Mme de Voltz d'Altenau, dame de Bolfzheim.
Mlle Henriette de Voltz d'Altenau.
De Waldner de Baldenheim.
Le commandeur de Waldener, chevalier de l'ordre teutonique.
Le baron de Wangen, lieutenant-général.
De Wetzel, de Marsilien.
De Weitersheim.
Le baron de Wurmser, de Wendenheim, stettmeistre.
Le baron Zorn de Boulach, comme tuteur de M. Zorn de Plobsheim.

DISTRICT DE SCHLESTADT.

Etat des électeurs présents.

Louis-Charles baron de Berckheim.
La baron de Berstett, Sgr de Hipsheim.
De Dartein.
Le baron de Flachslanden.
Le baron de Gail.
François-Henri, baron de Gail.
Le baron de Gohr, Sgr de Bolfzheim.
Le baron de Güntzer de Plobsheim.
Le baron d'Ichtersheim.
Philippe-Jacques de Joham.
Léopold-Ferdinand, baron de Joham.
Le baron de Muhlenheim.
Le baron d'Oberkirch, Sgr du château de Bischoffsheim.
De Papelier, fils.
Louis-Samson, baron de Rathsamhausen.
Vincent, baron de Rathsamhausen.
Le baron de Reinach de Werd.
Le baron Serpes de la Fage.
Henri, baron de Truchsess.
Le baron de Wimpffen.
Le baron Zorn de Boulach, assesseur noble à la chambre des Quinze.
Le baron Zorn de Boulach, colonel de cavalerie.

Etat des électeurs représentés.

Le baron d'Andlau de Hombourg.
Le baron d'Andlau de Birseck.
Le baron de Bock, Sgr de Blœsheim.
Mme la baronne de Boekel de Boecklinsau.
De Bulach (François-Materne-Louis Zorn), stettmeistre.
Mme de Dettlingen, épouse de M. Maës.
De Dietrich (Jean), stettmeistre.
La baronne de Gail mère.
Henri, baron de Gayling.
De Gayling pour les biens de Hipsheim.
Le baron de Glaubitz.
Le baron de Gohr père.
De Gottesheim.
Le baron de Güntzer, frère de M. de Plobsheim

Le baron de Haffner, stettmeistre.
Le baron d'Ichtersheim.
De Kempf.
Le baron de Landsperg, l'aîné.
De Landsperg, commandeur de l'ordre Teutonique.
Le baron de Landsperg, le cadet, Sgr de Meisersheim.
De Mühlenheim, colonel de Bouillon.
François-Guillaume de Muhlenheim.
De Neuenstein, le cadet.
Le baron d'Oberkirch.
De Papelier père.
MM. de Rathsamhausen, Sgrs de Wibolsheim et d'Eschau.
Charles-Léopold de Rathsamhausen.
Le baron de Reich de Platz.
Le baron de Roeder de Dierspurg, l'aîné.
Le prince de Rochefort.
Le baron de Rothberg
Le baron de Schauenbourg de Soultzbach.
Le baron de Schoenau, Sgr de Schoenau et de Sassenheim.
Le baron de Wangen père.
Léopold-Philippe, baron de Wangen, fils, de Haguenau.
Le baron de Wurmser, lieutenant général.

DISTRICTS DE HAGUENEAU ET DE WISSEMBOURG

Procès-verbal de l'Assemblée générale des trois ordres.

26 mars 1789.

(*Archiv. imp.* B. III, 68, p. 271, 327-346, 458-467, 470-472.)

Frédéric-Antoine d'Andlau de Hombourg, premier des quatre chevaliers héréditaires du Saint-Empire romain, Sgr des ville et vallée d'Andlau, etc., maréchal de camp, bailli d'épée nommé pour présider aux Assemblées des districts réunis de Hagueneau et de Wissembourg.
Jean-Thomas-d'Acquin Laquiante, conseiller du Roi, son juge ès-citadelle et fortifications de Strasbourg, nommé pour faire les fonctions de lieutenant dans les mêmes districts.

NOBLESSE.

— S. A. S. M. le margrave Charles-Frédéric de Baden.
S. A. S. E. M. le prince Électeur palatin et de Bavière, défaillant.

Le baron de Berstett.
— La dame douairière de Birckenwald.
— Henri, baron de Bock.
Le baron de Bodé.
Le baron de Bodeck d'Elgau.
Le baron de Boecklin de Boecklinsau.
— La baronne de Boeckel de Boecklinsau,
— S. A. M. le prince de Broglie.
La dame de Coete, défaillante.
De Colomné, stettmeistre de Haguenau.
Léopold, baron de Dettlingen.
Le baron de Dettingen (Dettlingen), colonel d'infanterie.
S. A. S. M. le prince Maximilien de Deux-Ponts, défaillant.
S. A. S. M. Charles-Auguste, prince palatin du Rhin, duc de Deux-Ponts, défaillant.
Le baron de Dietrich, comte du Ban de la Roche.
Jean-Nicolas, baron de Dietrich.
Charles-Louis Eckbrecht, baron de Durckheim, défaillant.
Frédéric-Auguste Eckbrecht, baron de Durckheim.
— Chrétien-Frédéric Eckbrecht, baron de Durckheim.
— François-Chrétien et Frédéric-Charles, ses frères.
— Charles-Frédéric, comte d'Eckbrecht de Durckeim.
— Le sieur d'Elvert, major d'infanterie.
D'Espiard de Colange,
— Louis, baron d'Essebeck, pour le baron Eberhard, Charles-Henri et Georges d'Essebeck, ses frères.
Charles-Gustave de Falckenhayn, lieutenant général des armées du Roi.
Le baron de Flachslanden, bailli de Malte.
— Le baron de Flachslanden, commandant pour le Roi en Alsace.
— Le baron André-Henri, baron de Gail.
Chrétien-Henri, baron de Gayling.
— Henri-Jacques, baron de Gayling.
Guillaume-Louis-Frédéric, baron de Gayling, l'aîné.
Othon-Henri, baron de Gemiringen, pour lui et ses frères et cousins, en vertu de procuration du 23 mars.
Le baron de Glaubitz.
Le baron de Gottesheim.
— La baronne de Gottesheim.
— Le baron de Gottesheim, l'aîné.
— Jean-Louis de Gottesheim.
— Frédéric-Henri, baron de Gottesheim.
De Gundorff,
Le baron de Haffner.
Le baron de Haffner, stettmeistre de Strasbourg, directeur noble du bailliage de Wasslenheim de ladite ville.
— Charles-François-Frédéric, baron de Haindel.
Le baron de Haussen, défaillant.
— La dame de Hemery.
LL. AA. SS. MM. les princes Frédéric et Chrétien de Hesse-Darmstadt, défaillants.

ALSACE.

S. A. S. M. le prince de Hesse-Darmstadt, défaillant.
S. A. le prince de Hohenlohe, défaillant.
Le baron François-Zénobie d'Ichtersheim.
François-Charles, baron d'Ichtersheim.
— François-Antoine-René d'Ichtersheim.
— François-René-Annibal-Albertini, baron d'Ichtersheim, son frère.
— Léopold-Ferdinand, baron de Joham.
— Philippe-Jacques, baron de Joham de Mundolsheim.
— La dame de Joham de Mundolsheim.
Le baron de Kageneck.
— De Kempf.
Le baron de Kirchkeim.
Le baron de Klinglin d'Essert, défaillant,
— De Klinglin, lieutenant pour le roi à Strasbourg.
— Le baron de Krebs de Bach.
Le baron de Kremp de Freidstein, défaillant.
François-Marie, baron de Landsperg.
Le baron de Lergenfeld, défaillant.
S. A. le prince de Linange, défaillant.
— Le comte de Lützelbourg.
— La dame douairière, comtesse de Loewenpaulit.
S. A. M. le prince de Lowenstein, défaillant.
Le baron de Mackau de Hürtigheim, défaillant.
— La dame Maës, née baronne de Dettlingen.
De Meyerhoffer, capitaine de hussards.
— De Meyerhoffer, major d'infanterie.
— De Meyerhoffer, le bailli.
De Moulong, pour le margrave de Baden, son bailli à Beinheim.
François-Charles-Guillaume, baron de Mullenheim.
La dame de Muratt, défaillante.
Le baron de Neuenstein.
— Le baron de Neuenstein, stettmeistre de Strasbourg, directeur noble du bailliage de Marlenheim, du domaine de ladite ville.
Le baron d'Oberkirch (Charles-Siegfried), chevalier de Saint-Louis, colonel d'infanterie, stettmeistre de Strasbourg.
— Auguste-Samson, baron d'Oberkirch.
Christophe-Philippe, baron de Rathsamhausen.
— Chrétien-Samson, baron de Rathsamhausen d'Ehenweyer.
— Louis-Samson, baron de Rathsamhausen d'Ehenweyer.
Le baron de Reissenbach.
La dame baronne douairière de Reissenbach, défaillante.
Le baron Rœder de Diersbourg.
Le sieur de Roudan.
Frédéric-Charles? de l'ordre de Saint-Victor.
De Sanlèque.
Le baron de Schauenbourg, défaillant.
La dame baronne Schenek de Schmidbourg, défaillante.
— Le sieur de Serp.

Le baron de Sickingen, défaillant.
— Le maréchal de Stainville, gouverneur d'Alsace, grand préfet de la préfecture provinciale de Haguenau.
— François-Joseph, baron Truchsess de Rheinfelden.
La dame baronne de Voltz, non-comparante.
Le baron de Vorstad, non-comparant.
Le comte de Waldener de Freundstein, défaillant.
Le baron de Waltenbourg Léchanson, défaillant.
Louis, baron de Wangen, lieutenant général.
— Jean-Jacques-Dominique, baron de Wangen.
— Le baron Dominique de Wangen, son fils.
François-Charles, baron de Weitersheim.
Joseph-André, baron de Weitersheim.
Le baron de Witingoff.
— Louis, baron de Witzthum d'Egersberg.
— Joseph, baron de Witzthum d'Egersberg, et son frère Ignace.
Le baron de Wredé.
Otto, baron de Wurmser.
— Le baron Frédéric-Louis-René, baron de Wurmser, stettmeistre de la ville de Strasbourg, directeur noble du district d'Illkirch et d'Herrlisheim.
— Frédéric-René, baron de Wurmser.
— François-Matern-Louis, baron Zorn de Bulach, en son nom et comme curateur de Frédéric-Auguste, baron Zorn de Plöbsheim.
— François-Siegfried-Auguste, baron Zorn de Bulach.

Gentilshommes qui se présentèrent dans les séances suivantes (1).

- Antoine, comte d'Andlau.
— Louis, baron de Berckheim.
— Louis-Charles, baron de Berckheim.
— La dame de Birckenwald, douairière de Walter.
Le baron de Bodeck d'Elgau.
François-Jean-Henri-Nicolas, baron de Bodeck d'Elgau.
— La dame douairière de Dettlingen, née Voltz d'Altenau.
Jean-Nicolas de Dietrich.
Le baron de Durckheim.
François-Alexandre Espiard de Colange.
Bénigne-Jean-Claude Espiard de Colange.
— Rodolphe-Frédéric, baron de Falkenhayn.
— Henri-François, baron de Gail.
— La dame baronne de Glaubitz, née baronne de Landsperg.
Le baron de Glaubitz.
— La demoiselle Louise, baronne de Guntzer.
— Le comte de Helmstatt.

(1) Quelques-uns des nobles portés sur cette liste avaient figuré comme défaillants sur la liste précédente. (*Note du procès-verbal.*)

François-Charles, baron d'Ichtersheim.
Le baron de Kageneck.
— La dame douairière, baronne de Kœnenbach, née baronne de Steincallenfels.
— La dame baronne de Krane, née baronne de Guntzer.
— La dame comtesse de la Gorce, née baronne Lefort.
Le chevalier de la Vergne.
Charles-Philippe-Auguste, baron Lefort.
Louis-Dagobert-Adolphe-Emmanuel, baron Lefort.
— Frédéric-Antoine-Henri, baron Lefort.
— La dame Christiane-Henriette-Wilhelmine, baronne Lefort.
— La dame Caroline-Renée Lefort, chanoinesse du Saint-Sépulcre.
— La dame de Linois, née Gangolf.
— Le baron de Mackau.
De Marth (de Barth) le stettmeistre.
François-Léopold de Meyerhoffen.
— La dame baronne de Mocklé, née baronne Lefort.
— Louis-Ferdinand, baron de Mullenheim, le grand veneur.
— Le baron Ferdinand de Mullenheim, le colonel.
— Charles de Mullenheim, leur frère.
Antoine-Henri-Thierry, baron de Neuenstein.
Antoine-Chrétien, baron d'Oberkirch.
Le baron Charles-Siegfried d'Oberkirch.
— Charles-Léopold de Rathsamhausen.
— Louis, baron de Rathsamhausen, grand chantre de Murbach.
— Vincent, baron de Rathsamhausen.
— François-Conrad, baron Reich de Platz.
De Reissenbach.
— La dame douairière de Reissenbach, née de Mensdorff.
— Philippe-Ferdinand, baron Rœder de Diersbourg.
— Ferdinand-Auguste, baron de Rœder.
— Chrétien-Ernest, baron de Rœder de Diersbourg.
— S. A. Mgr le prince Charles-Arnoult-Jules de Rohan-Rochefort.
— La dame de Sanlèque, née baronne de Gail.
— Le baron Charles de Schauenbourg.
Le baron de Vorstad.
Le baron de Weitersheim, l'aîné.
Ignace, baron de Witzthum d'Egersberg.
— La dame Henriette-Charlotte Voltz d'Altenau.
— La dame douairière Voltz d'Altenau, née de Rothembourg.
— La dame Frédéric-Anne Voltz d'Altenau.
Maximilien-Constantin, baron de Wurmser.
— Antoine-Joseph, baron de Zorn de Boulache (Bulach) mestre de camp.

Gentilshommes non possédant fiefs ni biens nobles.

Philippe-Charles, baron de Balthasar, maréchal de camp.
Adolphe-Michel de Barth, écuyer, stettmeistre de ladite ville, préteur royal en survivance.

Jean-Joseph de Barth, écuyer, lieutenant civil et criminel du grand bailliage de la préfecture royale de Haguenau, et bailli royal.
Jean-François de Bouzies, capitaine du régt du Maine, retiré et stettmestre de cette ville.
Philippe-Georges-Antoine de Cointoux, écuyer, conseiller honoraire au parlement de Metz, préteur royal de la ville de Haguenau.
Antoine-Paul-Esprit Demougé.
Jean-Nicolas, baron de Dietrich.
Léopold de Gendrot.
Maurice Hartmann, baron de Pistoris, brigadier des armées du Roi.
Jean-Claude, chevalier de la Vergne de Peyredoulle.
Josèphe-François-Charles de la Ville de Surilong, ou Sur-Ilon.
Richard, vicomte de Lort de Saint-Victor, maréchal de camp.
Jacques-Dominique de Roberdeau, mestre de camp de cavalerie.
François de Salu de Vaultrin.
Georges, baron de Witingoff, maréchal de camp.
Louis-Dominique de Wangen.

LISTE DES DÉPUTÉS DES TROIS ORDRES

AUX ÉTATS-GÉNÉRAUX DE 1789.

BELFORT ET HUNINGUE.

Rosé, curé d'Obersteinbronn.
L'Evêque de Lidda, suffragant du diocèse de Bâle.

Le comte de Montjoye-Vaufrey.
Le baron de Landenberg-Wangenbourg.

Pfleiger, cultivateur à Altkirch.
Lavie, cultivateur.
Guittard, chevalier de Saint-Louis, major d'infanterie.

COLMAR ET SCHLESTADT.

Pinelle, curé d'Ilsheim.
D'Andlau, prince abbé de Murbach.

Le prince de Broglie.
Le baron de Flachslanden, maréchal de camp.

Hermann, procureur général du conseil souverain d'Alsace.
Rewbell, bâtonnier de l'ordre des avocats au conseil souverain.
Kauffmann, prévôt de Mazenheim.

HAGUENEAU ET WISSEMBOURG.

L'abbé d'Eymar, prevôt de Neuviller, vicaire général du diocèse de Strasbourg.
Le cardinal de Strasbourg (Louis-René prince de Rohan), non acceptant.
L'abbé Louis, prébendier de la cathédrale de Strasbourg.

Frédéric-Antoine, baron d'Andlau de Hombourg, premier chevalier héréditaire du Saint-Empire, maréchal de camp.
Christophe Philippe, baron de Rathsamhausen, colonel d'infanterie, chevalier de Saint-Louis.

Le baron de Flachslanden, bailli, grand-croix de l'ordre de Malte.
Hell, procureur syndic provincial d'Alsace, bailli de Landser.

STRASBOURG.

De Turckheim, Sgr de Kalenbourg-ès-Vosges, ammeistre consul de Strasbourg.
Schwendt, syndic de la noblesse immédiate de la Basse-Alsace.

VILLES CI-DEVANT IMPÉRIALES.

Bernard, syndic du chapitre de Weissembourg.
Meyer, médecin.

GOUVERNEMENT MILITAIRE.

Le maréchal de Choiseul-Stainville, gouverneur général.
Le baron de Flachslanden, commandant en second.
Le duc de Luxembourg, lieutenant général.
Le marquis de Vogué, lieutenant général.

Lieutenants de Roi.

Le marquis de Peschery.   Maret.

Gouvernements particuliers.

Strasbourg...... Le maréchal de Choiseul-Stainville, gouverneur.
                    Le baron de Klinglin, lieutenant de Roi.
                    Le Cousturier de Pithieuville, major.
P. d'Haguenau.. De Maës, commandant.

P. Blanche......	Richard, commandant.
Citadelle.......	De Bergues, lieutenant de Roi.
	De Chennevières, major.
Fort-Louis......	Marrier d'Unienville, lieutenant de Roi.
	De Cordoze, major.
Schlestadt......	Le duc d'Havré et de Croï, gouverneur.
	De Montbel, lieutenant de Roi.
	De Torcy, major.
Neuf-Brisach....	Le marquis de Conflans, gouverneur.
	De Saint-Denac, lieutenant de Roi.
	De Hugo, major.
	Le chevalier du Raget, aide-major commandant.
Fort-Mortier ...	De Tredos, commandant.
	De Valbote, major.
Belfort.........	Le marquis de Tonnerre, gouverneur.
	Le baron de Chaselles, lieutenant de Roi.
	Jean-Louis-Alexandre Guy de Villeneuve, major, chevalier de Saint-Louis.
Haguenau.......	Le baron de Besenval, gouverneur.
	Le chevalier de Pons, lieutenant de Roi.
Huningue.......	Le marquis de Traisnel, gouverneur.
	Le comte de Buffevent, lieutenant de Roi.
	D'Espilliers, major.
Lictemberg.....	De Klie, commandant.
	De Philippe, major.
Landau.........	Le duc de Gontaut, gouverneur.
	De Beaumanoir, lieutenant de Roi.
	Ducharnaux, major.
	Marabail, aide-major.
	Le chevalier de Lanzac, commandant.
Wissembourg....	Le comte de Fouquet, major.
Landskrone.....	De Sombreuil, commandant.
Lauterbourg. ...	Muller, commandant.
	Le comte de la Ville-sur-Ilon, major.
Oberheim.......	Le marquis de Sommery, major commandant.
La Petite Pierre.	Le baron de Heiss, commandant.
Phalsbourg.....	Le marquis de Talaru, gouverneur.
	De Bazin, lieutenant de Roi.
	Le chevalier du Barail, major.
Sarrebourg.....	Le baron de Lagirousière.
Colmar.........	Duboys, major commandant.
Saspach........	Tourneur, chargé de la garde.
Saverne........	De Meyerhoffen, commandant, 1785.
Lutzerstein.....	Le vicomte de Montberaut, 1785.

CONSEIL SOUVERAIN D'ALSACE.

Présidents.

1776. Le baron de Spon, chevalier, premier président.
1768. De Salomon.
1747. De Salomon, honoraire.

Conseillers chevaliers d'honneur d'Eglise.

1759. Bourste, abbé de Pairis.   1778. Dreux, abbé de Neubourg.

Conseillers, chevaliers d'honneur d'épée.

1765. Le baron de Schauenbourg de Herlisheim.
    Le baron de Reinach de Wert-Uttenheim.
1774. Le baron de Landenberg de Wagenbourg.
1777. Le baron de Reinach de Hirtzbach.
1757. Le baron de Landenberg d'Illzach, honoraire.

Conseillers.

1747. De Holdt, doyen.	1769. Payen de Montmor.
1750. Poujol.	1770. Golbery.
1755. De Boisgautier.	1771. Queffemme.
Le baron de Münck.	1772. Weinemmer.
Krauss.	Demougé.
1758. Bruges.	1774. Gérard, clerc.
1761. De Salomon.	De Boug.
1764. De Michelet.	1777. Atthalin.
1766. Français.	1781. Horrer.
1767. Poirot l'ainé.	De Rocque.
1768. Poirot le jeune.	De Zaiguelius.

Conseillers honoraires.

1723. Muller
    De Régemorte.
1732. De Zaiguelius.

Gens du Roi.

1759. Loyson, avocat général.
1774. Hermann, procureur général.
1770. Muller, avocat général.
1754. Neef, procureur général honoraire.
1773. Hürt, greffier en chef.
1780. Callot, greffier en chef.

CHANCELLERIE.

1779. De Caussiny, garde des sceaux.

Secrétaires du Roi, audienciers.

1737. Michel.
1764. Chanorier.
1774. Guyot de Champferrand.
1776. Pommeret-Duchêne.
Duvernin.

1777. Petignan.
Daugé de Bagneux.
1780. Fabre des Belles.
Devaux.

Conseillers secrétaires du Roi.

1743. De Dovitz.
1766. Recules du Basmarein.
1767. Picart.
1768. Huvelin.
1772. Mermier.
1774. Poignard de la Salinbere.
1775. Le Clerc de la Galoriere.
Doé.

Pichart du Rivage.
1779. Lortié Petitlief.
1781. Delzangles de Faussanges.
1782. Bourryer.
1783. Rovet.
Du Chiron de la Guérivière.
1785. Pelée de Chenouteau.

Conseillers secrétaires du Roi honoraires.

1756. Fleury de Beauregard.
1764. Tissot.
1768. De Hauliac (Chauliac?).
1774. Quelquejeu de Belletaille.
1776. Bardon.

1779. Michau de la Forêt.
1780. Marignier.
1784. Rioult du Breuil.
1784. Tholozan.

DIRECTOIRE DE LA NOBLESSE D'ALSACE.

Directeurs.

Le baron de Wangen.
Le baron de Reich de Platz.
Le baron de Landsperg.
Le baron de Landenberg d'Illzach.
Le baron de Flachslanden.
Le baron de Reinach.
Le baron d'Andlau de Hombourg.

Assesseurs.

Le baron de Bodeck.
Le baron de Bulach.
Le baron de Rathsamhausen.

Assesseurs adjoints :

Le baron d'Andlau.
Le baron de Berckheim, stettmeistre.
Le baron de Berstett
Le commandeur baron de Flachslanden.
Le chevalier baron de Landsperg.
Le chevalier baron de Schoenau.
Le baron de Berckheim de Schoppenwirt.
Le baron Frédéric de Wurmser.

SÉNAT DE STRASBOURG.

Alexandre-Conrad de Gérard, conseiller d'État, chevalier de l'ordre de Charles III, préteur royal.
Le baron Joseph-André de Gail, le stettmeistre.
Le baron de Berckheim, le stettmeistre.
Le baron de Neuenstein (Léopold-Philippe-André), le stettmeistre.
Le baron de Falckenhayn (Charles-Gustave), le stettmeistre.
Le baron Haffner de Wasslenheim (François-Joseph), le stettmeistre.
Le baron Zorn de Bulach (François-Materne-Louis), le stettmeistre.
Le baron Wurmser de Wendenheim (Frédéric-Louis-René), le stett-meistre.
Le baron Chrétien-Antoine-Joseph d'Oberkirch, le stettmeistre.
Le baron Chrétien-Siegfried d'Oberkirch, le stettmeistre.
Le baron Pierre-Jacques-René de Berstett, stettmeistre en 1789.
Le baron Antoine-François-René d'Ichtersheim, conseiller noble.
Le baron Joseph-André de Weitersheim, conseiller noble.
Le baron Henri-André de Gail, conseiller noble.
Le baron de Turckheim.
De Turckheim, ammeistre régent.
Et vingt sénateurs des tribus bourgeoises (1).

---

(1) On peut consulter, sur la composition et les attributions du sénat de Strasbourg, le *Magistrat de Strasbourg, les Stettmeisters et les Ammeisters*, 1674-1790, par M. E. Muller. Strasbourg, un vol. in-12, 1862.

Petit sénat.

Zoepffel, ammeistre sortant, président.
Le baron Charles-Frédéric de Weitersheim.
Le baron Sigefried-Fr.-Aug. Zorn de Bulach.
Le baron Fr.-Fred. d'Oberkirch.
Le baron de Berstett.
Le baron Denis-Joseph-André de Gail.
Le baron de Rathsamhausen.
  Et seize sénateurs des tribus bourgeoises.
Frareisen, référendaire.

GÉNÉRALITÉ D'ALSACE.

1777. De Chaumont de la Galaizière, conseiller d'Etat, intendant.
Desmarais, subdélégué général à Strasbourg.
Doyen, premier secrétaire.
De Marisy, grand maître des eaux et forêts.

Officiers des finances.

Perrin, receveur des finances à Strasbourg.
Perceval, receveur des finances à Strasbourg.
De Foissy, receveur des finances à Strasbourg.
Vallet de Villeneuve, receveur des finances à Strasbourg.
De Mougé, receveur des finances à Colmar.
Kempffer, receveur des finances à Colmar.
Brunck, receveur des finances à Landau.
Gau de Vomorin, receveur des finances à Landau.
Maguier, directeur général des fermes.
Gagnerot de Fagy, receveur général.
De Salomon, directeur et receveur général à Colmar.
De Clinchamp, chevalier de Saint-Louis, directeur général des
 ponts et chaussées.

CHAPITRE NOBLE D'HOMMES.

CATHÉDRALE DE STRASBOURG.

Les preuves étaient de seize quartiers de haute noblesse, tant du côté paternel que du côté maternel. Un statut de l'an 1687 voulait que les chanoines français fussent issus de père, aïeul, bi-aïeul et trisaïeul décorés du titre de *prince* ou *duc et pair*; quant aux chanoines allemands, ils devaient être issus de *princes* ou de *comtes de l'Empire* ayant voix aux diètes générales.

1779. Louis-René-Edouard, prince de Rohan, grand aumônier de France, cardinal, évêque de Strasbourg, etc.

Chanoines capitulaires.

Ferdinand-Maximilien-Mériadec, prince de Rohan-Guéméné, archevêque de Cambrai, grand prévôt.
François-Camille, prince de Lorraine, abbé de Saint-Victor de Marseille, grand doyen.
Joseph-Charles Truchsess, comte de Zeil-Wurtzach, grand prévôt de Cologne, grand custode.
Christian, comte de Koenigsegg-Rothenfels, grand camérier.
Joseph-Christian, prince de Hohenlohe-Bartenstein, grand écolatre.
Charles-Meinrad, comte de Koenigsegg-Aulendorff.
Christian-Ernest, prince de Hohenlohe Bartenstein.
François-Joseph, prince de Hohenlohe-Schillingsfurst.
Guillaume, prince de Salm-Salm, évêque de Tournay.
Joseph Truchess, comte de Zeil-Wurtzach.

Chanoines domiciliaires.

Ernest, comte de Koenigsegg-Rothenfels.
Maximilien, comte de Koenigsegg-Rothenfels.
Louis-Xavier, comte de Koenigsegg-Aulendorff.
François-Xavier, comte de Salm-Reifferscheid.
Charles-Joseph, prince de Hohenlohe-Bartenstein.
Louis-Camille-Jules, prince de Rohan-Rochefort.
Charles-Godefroy-Auguste, prince de la Tremoille, comte de Laval.
Antoine-Eusèbe, comte de Koenigsegg-Aulendorff.

Louis-Victor-Mériadec, prince de Rohan-Guéméné.
François-Guillaume, comte de Salm-Reifferscheid.
Guillaume-Florentin, prince de Salm-Salm.
Louis, prince de Rohan-Guéméné.

CHAPITRES NOBLES DE DAMES.

ANDLAW.

Les preuves étaient de seize quartiers de noblesse chevaleresque et chapitrale, dont huit du côté paternel et huit du côté maternel. Les chanoinesses avaient le titre de *baronne*; l'abbesse était princesse du Saint-Empire.

De Truchsess de Rheinfelden, abbesse.

De Schœnau.
De Schœnau Sassenheim.
De Ferrette de Florimont.
De Reinach.
De Mullenheim.
Reich de Reichenstein.
De Rathsamhausen.
De Landenberg.

De Hornstein.
De Truchsess de Rheinfelden.
De Schœnau.
De Reichenstein-Inslingen.
De Reinach-Keid-Weiller.
De Rothberg.
De Reinach-Utteinheim.

OTHMARSHEIM, D. DE BALE.

Les preuves étaient de seize quartiers de noblesse chevaleresque et chapitrale, dont huit du côté paternel, et huit du côté maternel. Les chanoinesses portaient le titre de *baronne*.

Madame de Flaschslanden, abbesse.

D'Isteltein.
D'Andlau.
De Schœnau.
De Ferrette.
De Reichenstein.

De Reinach Steinbronn.
De Rothberg.
De Reinach Heidwiller.
De Kempf.
De Reiller.

MASSEVAUX, D. DE BALE.

Les preuves de noblesse devaient être les mêmes que celles qui étaient exigées pour les chapitres d'Andlaw et d'Othmarsheim.

1789. Suzanne-Xavier de Ferrette, abbesse.

De Reichenstein.	De Landenberg.
De Tschudy.	De Reinach.
De Thurn	De Baden.
De Schoenau.	Zorn de Boulach.
De Reuthner.	Kempf d'Augel (1).

(1) Ces quatre dernières chanoinesses étaient mortes avant 1789. La composition de ce chapitre noble nous a été fournie par M. le juge de paix du canton de Massevaux (Haut-Rhin).

CATALOGUE

DES

GENTILSHOMMES DE L'ISLE DE CORSE

―――――≪○≫―――――

JURIDICTION ROYALE DE BASTIA.

Procès-Verbal de l'Assemblée préliminaire des Trois Ordres tenue dans la ville de Bastia.

4 mai 1789.

(*Archiv. imp.* B. III, 52 p. 146-160.)

Joseph de Franceschi, conseiller du Roi, juge royal, civil, criminel et de police, de la ville et juridiction de Bastia.
Jean-Baptiste Scatelli, greffier en chef.
Jean-Baptiste de Franceschi, secrétaire interprète.
Etienne-Louis-Ponce Serval, procureur du Roi, lieutenant de l'amirauté.

NOBLESSE.

Ignace-François de Morelli, conseiller au Conseil supérieur.
Louis Belgodère de Bagnaja, conseiller au Conseil supérieur.
Jean-Baptiste de Caraffa, colonel d'infanterie, retiré, chevalier de Saint-Louis.
Jacques de Poggi, major d'infanterie, chevalier de Saint-Louis.
Vincent-Philippe de Caraffa, capitaine d'infanterie, chevalier de Saint-Louis.

Ange-Vincent de Bustoro, capitaine d'infanterie, chevalier de Saint-Louis.
Joseph-Marie de Massei, capitaine d'infanterie, chevalier de Saint-Louis.
Jean-Baptiste Cardi de Sansonnetti.
Joseph Cardi de Sansonnetti.
Jean-Baptiste-François Cardi de Sansonnetti.
Louis Cardi de Sansonnetti, officier dans le régt provincial de Corse.
Vincent Cardi de Sansonnetti.
Gaetan de Varese, capitaine retiré d'infanterie.
Casimir-Michel-Marie de Poggi.
Romualdo de Figarelli.
Louis de Rossi.
Antoine-Joseph de Zerbi.
Ignace de Zerbi.
André-Antoine Avogari de Gentile.
Ambroise-Marie Avogari de Gentile (1).
Tous nobles reconnus au Conseil supérieur.

Procès-verbal de l'Assemblée générale des Trois Ordres.

18 mai 1789.

(*Archiv. imp.* B. III. 52, p. 202-221.)

NOBLESSE.

Ajaccio.

Pierre-Paul de Cuneo d'Ornano, lieutenant général de l'amirauté.
Charles-André Pozzo di Borgo.
Philippe de Ponte.

Aleria (élection contestée).

Jean-Quilico de Casabianca, lieutenant colonel d'infanterie.
François-Xavier Frediani.

Bastia.

Ignace-François de Morelli, conseiller au Conseil supérieur.
Louis Belgodère de Bagnaja.
André d'Antoni, conservateur des bois et forêts dans le deçà des monts.

---

(1) Les Avogari, anciens Sgrs du cap Corse, étaient originaires de Gênes : leur établissement dans l'isle remonte au treizième siècle. Plus tard, ils quittèrent leur nom pour prendre celui des Gentili, dont ils étaient alliés, et qui formaient avec les Mari, les Colonna, les Cristinacce, les Rocca, la plus ancienne souche féodale de Corse.

Bonifacio.

Paul Rocca-Serra.

Calvi et Balayne (élection contestée).

Laurent de Giubeja.
Charles-Antoine Colonna-Anfriani.
Dominique de Fabiani.
Jean-Baptiste de Cattaneo.
Octave Questa.
Simon de Fabiani.

Cap Corse.

Paschal de Negroni, assesseur au siége royal de Cap Corse.
Jean d'Antoni.

Corte.

François de Gaffori, maréchal de camp, chevalier de Saint-Louis.
Hyacinthe de Arrighi, procureur du Roi au siége royal de Vico.

La Porta d'Ampugnani.

Mathieu, comte de Buttafoco, maréchal de camp, chevalier de Saint-Louis.
Cosme-Marie de Casalta.
Jules-Pierre de Bruno.

Nebbio.

Mathieu de Boccheciampe, capitaine d'infanterie, élu président de l'ordre de la noblesse.

Sartène.

Fréderic de Susini.
Jean-Baptiste de Susini, avocat au Conseil supérieur.

Vico.

Pascal-Antoine de Benedetti.

Assemblée particulière de la noblesse de Corse.

24 mai 1789.

(*Archiv. imp.* B. III, 52, p. 206, 563-573.)

Jean d'Antoni.
André d'Antoni.
Jacinto d'Arrighi.
Belgodere de Bagnaja.
De Benedetti.
Boccheciampe.
Le comte Buttafoco.
De Casalta, doyen.
Paul-Baptiste de Cattaneo.
Cuneo d'Ornano.
Simon de Fabiani.
Gaffori.
Morelli.
Negroni.
Ponte.
Pozzo di Borgo, secrétaire.
De Pruno.
Octave de Questa.
De Rocca-Serra.
Frédéric Susini de la Rocca.
Jean-Baptiste de Susini.

Familles nobles de l'isle de Corse reconnues par le Conseil souverain, conformément à l'édit de Louis XV du mois d'avril 1770.

1771-1789.

(*Annuaire de la noblesse*, VII° année, 1849-1850, p. 257.)

Abbatucci.
Anfriani.
Antoni.
Arrighi.
Avogari Gentile.
Bacciochi.
Belgodere di Bagnaja.
Benedetti di Vico.
Benielli.
Boccheciampe.
Boerio.
Buonaparte.
Bustoro.
Buttafoco.
Caraccioli.
Caraffa.
Cardi.
Casabianca.
Casalta.
Castagnole-Negrone.
Castelli.
Cattaneo.
Ceccaldi.
Cesari Rocca.
Colonna d'Istria.
Colonna Bozi.
Colonna d'Ornano.
Corsi.
Costa.
Cuneo.
Cutoli-Coti.
Dangelo.
Doria.
Fabiani.
Farinole.
Ficarella.
Fozzani.
Follacci.
Fraticelli.
Frediani.
Gentile di Nonza.
Gentile de Rogliano.
Gentile de Calcatoggio.
Giacomini.

Giubega.	Poggi.
Marengo.	Poli.
Mari.	Pozzo di Borgo.
Massei.	Pruno:
Matra.	Questa.
Mattei de Centuri.	Rocca-Serra.
Morelli.	Rossi.
Morlas.	Saliveri.
Murati.	Sansonnetti.
Ortoli.	Santini.
Peretti.	Susini.
Pervice.	Suzzarelli.
Petriconi.	Tomei.
Pianelli.	Varese.
Pietri.	Zerbi.

LISTE DES DÉPUTÉS DES TROIS ORDRES

AUX ÉTATS GÉNÉRAUX DE 1789.

L'abbé Charles Perretti de la Rocca, grand-vicaire du diocèse d'Aleria.
Falèucci, suppléant.

Le comte de Buttafoco, maréchal de camp.
De Gafforio, maréchal de camp, suppléant.
Castanes, avocat général au conseil supérieur, suppléant.

Pierre-Paul, comte Colonna de Cesari, capitaine au régiment provincial corse.
Christophe Salicetti, avocat.
Arena, avocat, suppléant.
Chiappe, suppléant.

GOUVERNEMENT MILITAIRE.

1772. Le marquis de Monteynard, gouverneur général.
Le marquis de Jaucourt, lieutenant général.
Le vicomte de Barrin, commandant.
Le comte du Rosel de Beaumanoir, commandant en second.

Gouvernements particuliers.

Bastia .... De Balathier, lieutenant de roi.
Massot, major.
Saint-Florent. De Rochemore, commandant.
Calvi .... Le comte de Maudet, commandant.
De Gombault, major.
Le chevalier de Saillans, aide-major.
Ajaccio ...... Le chevalier de la Ferandière, commandant.
Saint-Ange, major.
Bonifacio ... Mainbourg, major commandant.
Isle Rousse .. Heuillard de Turby, major commandant.
Corte .... Le baron de l'Hôpital, lieutenant de roi.
Labesse, major.

GÉNÉRALITÉ DE L'ISLE DE CORSE.

1785. De la Guillaumic, maître des requêtes, intendant.
Gautier père, trésorier général des Etats.
Le Changeur, secrétaire en chef de l'intendance.

CONSEIL SUPÉRIEUR DE CORSE.

Présidents.

Gautier, premier.   Baude.

Conseillers.

Morelli.   De Liberderie.
Christofari.   De Roussel.
Massesi.   Patin de la Fizelière.
Boccheciampe.   Guyot.
Belgodère.   Baudin, honoraire.
Charlier.

Gens du Roi.

Coster père, procureur général.
Baffier, avocat général.
Castanes, avocat général.
Bellanger, honoraire.
Guyot père, honoraire.
Dousset, garde des sceaux.

CATALOGUE

DES

GENTILSHOMMES DU COMTAT VENAISSIN

NOBLESSE DU COMTAT VENAISSIN

Etat des vassaux du Saint Père dans le Comtat Venaissin, dressé d'après les hommages prêtés à la chambre apostolique (1)

En 1715.

Jacques-Louis d'Ancezune Cadard de Tournon, baron de Velorgues et du Thor, Sgr du duché de Caderousse.
Alexandre d'Armand, Sgr de Chateauvieux, co-Sgr de la Garde-Paréol.
Pierre d'Arnoud, Sgr de la Tour-Ronde et de Rochegude, co-Sgr de la Garde-Paréol.
François-Félix de Balbis de Berton, Sgr de Crillon, de Saint-Jean de Vassols, co-Sgr de Velleron.
Georges-Joseph de Baroncelli, Sgr de Javon.
Alphonse-Thomas de Bédoin, Sgr de Saint-Romain-en-Viennois.
Henri de Bertrand de Pelissier, Sgr d'Eyroles.
Pierre de Blanc, capitaine des portes du palais apostolique et payeur des troupes de Notre Saint-Père, Sgr de Brantes (marquisat).
Jean-Louis-Bernard de Blégier Dantelon, Sgr de Taulignan et de Puyméras.

---

(1) Publié en 1862, par M. P. Achard, archiviste de la préfecture de Vaucluse, dans l'édition nouvelle de la *Lettre de M. Fabry de Chateaubrun sur la noblesse avignonaise et comtadine*, en 1715. Dans l'extrait que nous publions, nous n'avons pas cru devoir mentionner les fiefs possédés par les évêchés du comtat, ni ceux qui faisaient partie du domaine du saint siège.

François-Balthazar de Boutin, Sgr de Valouse.
Louis de Brancas, des comtes de Forcalquier, marquis de Céresté, Sgr de Robion.
Louis de Brancas, duc de Villars, pair de France, Sgr de Maubec.
De Cambis (chef d'escadre), Sgr de Velleron.
Joseph-François de Castellane de Lauris, marquis d'Ampus, Sgr de Vacqueyras.
Jean-François Desalric de Cornillan, Sgr de Rousset et de Saint-Pantaléon.
Louise-Madeleine et Gabrielle d'Eschallart de la Marche, Sgresses de Camaret, d'Hauteville, de la Garde-Paréol, de Travaillan, d'Uchaux, et de la baronie de Sérignan.
Jean-Albert de Fallot, comte palatin, Sgr de Beaumont ou Montseren.
Pierre-Balthazar de Fogasse, co-Sgr d'Entrechaux, Sgr de Labastie des Reynauds.
Pierre-Paul de Fonseca, Sgr de Taillades.
Jean-Baptiste-Henri de Forbin de Maynier, baron d'Oppède.
Alphonse de Fortia, Sgr du marquisat des Pilles.
Alphonse de Fortia, gouverneur du château d'If, etc., Sgr d'Aubres et de Baumes.
Pol de Fortia, Sgr d'Urban.
Jules de Fortia de Pol, Sgr de Saint-Tronquet-les-Camaret, co-Sgr de Lagnes.
François-Joseph de Galéan, Sgr de Saint-Saturnin, et de Vedène.
Jeanne de Gravé, veuve de Charles-Félix de Galéan, duc de Gadagne, Sgr du duché de Gadagne.
Ignace-Xavier de Gualtery, Sgr du Baucet, co-Sgr de la Garde-Paréol.
François d'Honoraty, Sgr de Jonquerettes.
Joseph-Marie de Joannis de Rouvillasc, Sgr du Barroux.
Charles-Antoine de Labaume de Montrevel, marquis de Saint-Martin, etc., Sgr de Caromb.
Charles-Frédéric-Eugène de Labaume de Montrevel, marquis de Saint-Martin, Sgr de Saint-Hippolyte.
Louis-François de Labaume, comte de Suze, marquis de Villars, Sgr de Barbaras près Tulette.
Benoît-Ambroise de Labeau-Bérard, Sgr de Maclas, et de Saint-Roman-de-Malegarde.
Jean-Scipion de la Forestie, Sgr de la Pescherie, baron de Deigues, co-Sgr de la Garde-Paréol.
Jean-Paul-François de Lopis, Sgr de la Fare.
Claude de Martin, chanoine de Saint-Siffrein, Sgr de Thouzon.
Henri-Balthazar, et Joseph de Merles, Sgrs de Beauchamp, à Monteux.
Françoise de Magnin de Montroux, veuve de François de Payan de l'Hôtel, co-Sgr de la Garde-Paréol.
Henri Pelletier de Gigondas, co-Sgr de la Garde-Paréol.
Pierre de Piellat, Sgr de Buisson.
Louis-Hyacinthe de Raymond de Mormoiron, Sgr de Modène.
Cosme de Sade, Sgr de Saumane, co-Sgr de Mazan.
Louis de Seguins de Pazzis, Sgr d'Aubignan (marquisat), co-Sgr de Loriol.

Georges-Marie de Serre, co-Sgr d'Entraigues.
Joseph de Seytres, Sgr de la baronnie de Caumont.
François de Tertullis de Rolland de Reauville, co-Sgr de Loriol.
Jean-Joseph de Tertullis de Labaume de Pluvinel, marquis de Gluy, Sgr de Loriol et de la Roque-Alric.
Paul de Thézan, marquis de Saint-Gervais, Sgr de Méthamis.
Pierre-François de Tonduti, Sgr de Saint-Léger.
Jean-Joseph-Dominique d'Urre, Sgr des Beaumettes, près Faucon.
Jean-François de Vanel, Sgr de Lilleroy (l'Isle-Roy), co-Sgr de Lamotte, lieutenant des maréchaux de France, Sgr de la baronnie de Bárenques.
Pierre de Vervins d'Avignon, Sgr de Bedoin.
Louis de Vincens de Mauléon, marquis de Causans, co-Sgr de Mazan et de la Garde-Paréol.
César de Vincens, Sgr de Sarrian.

Etat des possesseurs de fiefs dans le comté Venaissin (1).

18 mars 1772.

(*Bibl. de Carpentras.* Collection Tissot, n° VII.)

D'Acqueria (Robert), Sgr de Rochegude, co-Sgr de la Garde-Paréol.
Mme d'Agoult, dame de Saint-Pantalis, ou Saint-Pantaléon, Sgresse de Rousset.
L'abbé Ailhaud, co-Sgr d'Entrechaux.
D'Alauzier (Rippert), co-Sgr de la Garde-Paréol.
D'Andrée de Renoard, ou Rainoard, Sgr de la Val-Saint-Jean.
D'Anglesy, Sgr de Matteville.
D'Anselme, Sgr de la Foulquette.
De Balbanis, Sgr de Saint-Romain-en-Viennois.
De Balbis de Berton, Sgr du duché de Crillon, de Saint-Jean-de-Vassols, co-Sgr de Velleron.
De Baroncelli, Sgr de Javon.
Bertrand de Pellissier, Sgr d'Eyroles.
De Blanc de Brantes, Sgr de Brantes, du Buisson et de la Roque-sur-Pernes.
De Blégier, Sgr de Taulignan, et de Puyméras.
De Boutin, Sgr de Valouse.

---

(1) Imprimé à Avignon, chez les frères Bonnet, imprimeurs-libraires, 1772. — Nous devons la communication de ce document à l'obligeance de M. Lambert, bibliothécaire de la ville de Carpentras.
M. Lambert ne s'est pas borné à publier en trois volumes un excellent *Catalogue des manuscrits de la bibliothèque de Carpentras*, 1862: il met encore au service des érudits une complaisance qui double le prix des richesses historiques dont le dépôt est confié à sa garde. Nous saisissons avec empressement cette occasion pour lui en exprimer nos remerciements, bien persuadés qu'ils trouveront de l'écho dans le monde savant.

De Brancas, Sgr de Robion.
De Brancas de Villars, Sgr de Maubec.
De Cambis, Sgr de Velleron, et de Cayranne.
De Causans (Vincens), co-Sgr de Mazan.
De Cohorn, Sgr du Rocan.
De Condorcet (Caritat), Sgr des Pilles, co-Sgr d'Aubres.
Daruti de Grandpré, Sgr de Saint-Urbain.
Donodei, Sgr de Campredon.
D'Egmont de Pignatelli, Sgr de Sérignan, de Camaret, d'Hauteville, de Travaillan et d'Uchaux, co-Sgr de la Garde-Paréol.
De Fallot de Beaupré, Sgr de Beaumont.
De Fortia de Montréal, Sgr de Saint-Tronquet.
De Fortia des Pilles, Sgr de Baumes.
De Fougasse de la Bastie, Sgr de la Bastide des Reynauds.
De Galéan, duc de Gadagne, Sgr de Chateauneuf de Gadagne, de Vedène et de Saint-Saturnin.
De Girenton, co-Sgr de Loriol, ou d'Oriol.
De Georges, co-Sgr de la Garde-Paréol.
De Gramont, Sgr de Caderousse et de Cabrières.
De Gramont, Sgr de Saint-Etienne de Mago et du Thor.
De Gramont, Sgr de Frigoulet et co-Sgr de la Garde-Paréol.
De Gramont, Sgr de Velorgues.
De Gualtery, Sgr du Bausset, ou de Beaucet.
D'Inguimbert, co-Sgr de la Garde-Paréol.
De la Baume, Sgr de Saint-Hippolyte et de Caromb.
De la Baume de Suze, Sgr de Barbaras.
De Lauris (Castellane), Sgr de Vacqueyras.
De Limeil, co-Sgr de Loriol.
De Limojon, Sgr de Jonquerettes et d'Urban.
De Lopis Pillebaud, Sgr de la Fare.
De Maclas (Labeau de Bérard), Sgr de Saint-Roman de Malegarde.
De Maynier de Forbin, Sgr d'Oppède.
De Merles, Sgrs de Beauchamp.
De Merles de Constant, Sgr de Thouzon.
De Méry, Sgr de la Canorgue.
Monnier (de Monnier), Sgr des Taillades.
De Montaigu, co-Sgr d'Entraigues.
De Montréal, co-Sgr de Lagnes.
De Moret de Rouvillasc, Sgr d'Aubaroux ou du Baroux
De Mourre de Saint-Martin, Sgr des Baumettes.
De Nogaret, co-Sgr de Lagnes.
D'Orsan (Cambis), co-Sgr de Lagnes.
De Payan de l'Hôtel, co-Sgr de la Garde-Paréol.
De Pelletier, co-Sgr de la Garde-Paréol.
De Pellissier, co-Sgr de la Garde-Paréol.
De Pluvinel (La Baume), Sgr de la Roque-Henry, ou la Roque-Alric, co-Sgr de Loriol.
De Raymond, Sgr de Modène.
De Rivette, co-Sgr de la Garde-Paréol.
De Roche, Sgr de la Motte.

De Rolland, co-Sgr de Loriol.
De Sade, Sgr de Saumane, co-Sgr de Mazan.
De Seguins de Pazzis, Sgr d'Aubignan.
De Seytres, Sgr de Caumont et de Vaucluse.
De Thézan, Sgr de Vénasque, de Méthamis et de Saint-Didier.
De Tillia de Motd'Scot, Sgr d'Olonne.
De Tonduti de Blauvac, co-Sgr d'Aubres, Sgr de Blauvac.
De Tonduti de Malijac, Sgr de Saint-Léger.
De Vanel de Lisle Roi, Sgr de Barrenques.
De Vervins, Sgr de Bédoin.
De Vesc, Sgr de Roaix.
De Vincens, Sgr de Savoillan.

Role des Seigneurs feudataires de N. T. S. P. le Pape, soumis à la taille du corps de la noblesse, suivant l'imposition délibérée dans l'Assemblée générale des Seigneurs feudataires (1).

23 mars 1789.

NOMS DES TAILLABLES.

D'Ailhaud pour Entrechaux.
D'Alauzier pour la Garde-Paréol.
D'Anglesy pour Matteville.
D'Anselme pour Venasque et Saint-Didier.
D'Aubignan (Seguins-Pazzis) pour Aubignan.
D'Audiffret pour Venasque et Saint-Didier.
De Baroncelli pour Javon.
Du Barroux pour le Barroux.
De Barthelier pour Venasque et Saint-Didier.
De Bayol pour Venasque et Saint-Didier.
De Beauchamps (Merles) pour les trois quarts de Beauchamps.
Bignan (de Suze) pour Frigoulet.
Mme de Blacons pour Rousset et Saint-Pantalis.
De Blauvac pour Blauvac et Aubres.
De Bourgarel pour Venasque et Saint-Didier.
De Brancas pour Robion.
De Brantes pour Brantes et la Roque sur Pernes.
De Bremond de Saint-Christol pour Eyroles.
De Brissac pour la Fare.
De Broutet pour Loriol, Venasque et Saint-Didier.
De Cabassolle pour Venasque et Saint-Didier.
De Campredon.
De Casal pour Buisson.

(1) Imprimé à Carpentras, chez Dominique-Gaspard Quenin, imprimeur de la ville et de la province, 1789. (*Bibl. de la ville de Carpentras.* Collection Tissot, t. VII.)

De Causans pour Mazan.
De Chapuy pour Saint-Romain.
De Cohorn pour le Rocan et la Val Saint-Jean.
De Condorcet pour les Pilles.
De Crillon pour Crillon, Velleron et Saint-Jean de Vassols.
D'Egmont pour toute la baronie de Sérignan.
De Forbin pour Oppède.
De Gadagne pour Lagnes, Vedene, Saint-Saturnin et Saint-Tronquet.
De Gaudemaris pour Venasque et Saint-Didier.
De Giry pour Loriol.
De Gramont pour Caderousse et le Thor.
De Grand Pré pour Saint-Urbain.
Granet de la Croix pour Chabrières.
De Guilhem pour la Garde-Paréol.
De Guilhermier pour la Garde-Paréol.
De Guillomont pour la Garde-Paréol.
De l'Isle-Roy (Vanel) pour les Barrenques.
De la Batie pour La Batie des Renauds.
De la Canorgue (Méry de la Canorgue).
De la Garde pour la Garde-Paréol.
Les hoirs de M. la Garde de Séguret pour Loriol.
De la Roque (La Baume-Pluvinel) pour la Roque-Alric et Loriol.
Mme de Latier pour Bedoin.
De la Tour-Vidau pour Velleron et Cayranne.
Mme de Lauris pour Vacqueiras.
Mme de Lauzon pour Venasque et Saint-Didier.
De la Vilasse pour les Beaumettes.
De L'Espine pour Beaumont.
Mme de Ligniville pour Caromb et Saint-Hippolyte.
De Loriol pour Loriol.
De Maclas pour Saint-Roman de Malegarde.
De Malijac (Tonduti) pour Saint-Léger.
Mme de Méjanne pour Beauchamps.
De Merles pour un quart de Beauchamps, et Touzon.
De Modène (Raymond) pour Modène.
De Merles de Guignier pour Venasque et Saint-Didier.
De Monnier pour les Taillades.
De Montaigu pour Entraigues.
De Nogaret pour Lagnes.
D'Olivier pour Venasque et Saint Didier.
D'Olonne pour Olonne.
D'Orsan (Cambis) pour Lagnes.
De Payan-la-Garde pour la Garde-Paréol.
De Pellissier pour la Garde-Paréol.
De Pezenas de Pluvinal.
De Pialat, *aliàs* de Piellat, pour la Garde-Paréol.
Des Pilles pour Beaumes.
De Poule pour Venasque et Saint-Didier.
De Prato pour Venasque et Saint-Didier.
De Raoulx pour Loriol.

De Ribouton pour Venasque et Saint-Didier.
De Rivette pour la Foulquette.
De Rivette pour la Garde-Paréol.
De Robin pour Entrevons et Loriol.
De Rochegude pour Rochegude et la Garde-Paréol.
Des Roches pour la Motte.
De Rostan pour Venasque et Saint-Didier.
De Rustrel pour Venasque et Saint-Didier.
De Sade pour Mazan et Saumane.
De Saint-Martin pour Venasque et Saint-Didier.
Mme de Saint-Véran pour Venasque et Saint-Didier.
Mme de Savigni pour Jonqueirette, Urban, Venasque et Saint-Didier.
De Savoilhan pour Savoilhan.
De Seytres-Caumont pour Caumont et Vaucluse.
De Sobirats pour Venasque et Saint-Didier.
De Suze pour Barbaras.
De Taulignan pour Puymeras.
Teste l'aîné pour Venasque et Saint-Didier.
Teste-Venasque pour Venasque et Saint-Didier.
Mme de Thézan pour Methamis et Saint-Didier.
De Thèze pour Roaix et le Beaucet.
L'abbé Tornet pour Saint-Romain.
De Valette pour Venasque et Saint-Didier.
De Valory pour Loriol, Venasque et Saint-Didier.
De Valouse pour Valouse.
De Vento pour Loriol.
Vernety pour la Garde-Paréol.
De Villars-Brancas pour Maubec.

RECTORERIE DE CARPENTRAS.

1789. Christophe Pierachi, de Pise, recteur (1).
Ignace-Nicolas Barcilon, vice-recteur.

Lieutenants du recteur.

1771. Jean-Joseph-François de Sibour, chevalier, conseiller du Roi, lieutenant général civil au siége de Carpentras.

(1) La cour suprême de la Rectorerie siégeant à Carpentras, connaissait en appel des causes civiles soumises à la cour majeure de Carpentras, de l'Isle et de Valréas. Ses arrêts étaient portés en dernier ressort au tribunal de la Rote à Rome, qui connaissait aussi des sentences rendues à Avignon.
La révérende chambre apostolique, dont le siége était également à Carpentras, tenait lieu de Cour des comptes et de la Chambre criminelle près du parlement dans les autres provinces.

Jean-Pierre Pons.
François-Marie Florèt.
François-Régis-Joseph-Charles Cottier (1).

CHAMBRE APOSTOLIQUE.

1789. De Gaudin, président.
De Raoulx, trésorier général.
De Sibour, avocat et procureur général.
De Guillomont, secrétaire, notaire et greffier.

En 1786, il avait été formé un tribunal exceptionnel pour connaitre de toutes les causes relatives à un concours de créanciers formé sur les biens de plusieurs juifs de la ville de l'Isle, faillis en 1778.
Ce tribunal était composé comme suit :

Le recteur (Christophe Pierachi), président.

Docteurs ès droits de la ville d'Avignon.

Marcangeli.	Bertrand.
Reboulet.	Poulle.

Avocats au parlement d'Aix.

Verdet.	Silvy.

Avocats au parlement de Toulouse.

Detté.	Espéronnier.

(1) Il est l'auteur des *Notes historiques concernant les recteurs du ci-devant comté Venaissin*, 1 vol. in-8º, Carpentras, 1806.

ETAT DES FIEFS TITRÉS.

1789-1791.

Anciennes baronnies des Etats.

Beaumes, possédée par les Fortia, érigée en duché en 1775.
Oppède — Maynier ; — Forbin.
Sérignan — Pignatelli, de Naples, comtes d'Egmont, grands d'Espagne.
Le Thor — Cadart-Tournon-Ancezune. — Gramont-Vachères.

Duchés érigés par brefs pontificaux.

Beaumes (14 juin 1775) — Fortia, Sgr de Pilles.
Caderousse (18 septembre 1665) — Cadart-Tournon-Ancezune. — Gramont-Vachères.
Caumont (1789) — Seytres.
Crillon (21 septembre 1725) — Balbes de Berton.
Gadagne (novembre 1669) — Galléan.
Galléan (13 janvier 1757) — Galléan des Issarts.

Marquisats érigés par brefs pontificaux.

Aubignan (21 septembre 1667) — Seguins, Sgr des Beaumettes.
Aulone ou Ollone (24 novembre 1754) — Tillia.
Barri (1789) — Rippert d'Alauzier. Titre attaché à la terre.
Brantes (1674) — Des Laurents. — De Blanc.
Campredon (22 janvier 1752) — Donodéi.
Entrevon ou la Baude (4 mars 1782) — De Robins.
Gaudemaris de Coppola (9 mai 1755) — Bref sans inféodation.
Nobleau ou le Martinet (17...) — Des Isnards.
Rousset et Saint Pantali (1690) — Armand de Forest de Blacons.
Saint-Hubert (13 novembre 1787) — De Vernetty. — Rous de la Mazelière. Titre attaché à la terre (1).
Saint-Urbain (1770) — Darut de Grand-Pré.
Vaubonne près Flassan (1692) — Joseph de Guibert. — Balbani.
Velleron (1668) — Cambis.

Comtés érigés par brefs pontificaux.

Cousin (7 avril 1789) — Cousin, bref sans inféodation.
Giberti de Correggio (1758-1769) — Bref sans inféodation.

(1) La formule de cette érection particulière au Comtat Venaissin était celle-ci : « In nobilem et antiquum marchionatum pro dicto N... ejus que descendentibus et successoribus quibuscumque etiam *extraneis*, cum omnibus et singulis privilegiis, etc., concessi » (*Reg. des Vidimats*, déposé à la Bibl. de Carpentras).

La Canorgue (24 avril 1747). — Méry.
La Foulquette (1755). — Anselme. — de Rivette. — Tramier de la Boissière.
Matteville (24 septembre 1775). — Anglésy.

Barons par brefs pontificaux.

Le baron de Niel (30 janvier 1769).
Le baron de Serre (6 février 1779).

Il y avait encore un certain nombre de titres dans les familles, qui résultaient des brevets ou des lettres des souverains, et dont quelques-uns étaient devenus héréditaires par la courtoisie ou par une longue possession. D'autres étaient établis sur des terres situées en Dauphiné, en Provence ou en Languedoc ; en voici la nomenclature :

Marquis.

D'Archambaud (Bonneau).
De Beauchamp (Merles).
De Billiotti-Volpi.
De Cambis d'Orsan, co-Sgr de Lagnes.
De Florans.
De Forbin, Sgr des Issarts en Languedoc.
Fournier d'Aultane de Valréas.
De Gaste (Magnin).
Des Isnards-Suze, héritiers des comtes de Suze.
De Javon (Baroncelli).
De Joannis Nicou de Verderonne.
De Jocas (Brassier).
De la Garde (Pelletier).
De la Roque (La Baume-Pluvinel) marquis en Dauphiné 1693.
De L'Espine.
De Lirac (Vidal).

De Montlaur (Villardi) en Languedoc.
De Piolenc.
De Quiqueran, Sgr de Beaujeu et Ventabren en Provence.
De Rochegude (Robert d'Acqueria).
De Sade.
De Saint Paulet (Gautier).
De Saint-Sauveur et de Soissans (Raffelis).
De Taulignan (Blégier).
De Thézan-Venasque, marquis de Saint-Gervais en Languedoc.
De Vassieux (Seguins) Sgrs marquis de Vassieux en Dauphiné.
De Verclos (Joannis).
De Villefranche (Tulle).
De Vincens, marquis de Causans, dans la principauté d'Orange, 1667.

Comtes.

D'Andrée de Renoard.
De Blanchetti.
De Blégier-Pierregrosse.
De Gabrielli (de Gubbio).
De Guilhermier.
D'Honorati.
D'Inguimbert de Thèze.

De la Garde (Payan).
De Modène (Raymond de Mormoiron).
De Raousset-Boulbon.
De Salvador.
De Serre.
De Sobirats.

Vicomte.

De Valernes (Bernardi).

Barons.

De Chaussande de Saint-Roman.
De Carmejane-Pierredon.
Du Laurens d'Oiselay.
De Monnier des Taillades.
De Vanel de l'Isle-Roi, Sgr de Barenques.

Possesseurs de fiefs non titrés.

D'Albert.
Audibert de la Villasse.
Du Barroux.
De Bernardi.
Bignan.
De Casal.
De Giry.
Granet de la Croix de Chabrières.
De Guillaumont.
Merles de Guinier.
De Montaigu.
D'Olivier.
De Piellat.
De Rostang.
Teste.
De Valette.

Familles nobles qui ont habité le Comtat Venaissin, sans y posséder de fiefs, et que l'on croit encore représentées.

D'Anselme de Puisaye.
D'Antoine.
D'Astier.
D'Athénosy.
D'Aurel.
D'Autane.
De Barcilon.
Benoît de la Paillonne.
Des Bernards de Saint-Andiol.
Bertet de Roussas.
De Bonadona.
Bonet d'Honières.
Bonet d'Oléon.
De Bonfils.
De Bressy.
Buisson d'Armandi.
De Camaret.
De Centenier.
Clément de la Palun de Tourville.
Collet de la Madeleine.
De Crousnilhon.
De Dianoux.
De Faucher.
De Fresquières.
De Gaillard.
De Garcin.
De Gasparin.
De Gaudin.
D'Hugues.
De Jullien.
De Lantiany.
De Lauris.
De L'Eglise.
De Limans.
De Lozeran.
De Millaudon.
Milliet de Balazuc.
De Nailles.
De Palys.
De Pélissier de Mauriac.
De Perussis.
De Poli.
De Pons.
De Rey.
De Ribiers.
De Rocher.
De Sibour.
De Tourreau.
Tron de Bouchony.
De Vérot.

(*Ann. de la noblesse* 1860, 1861, 1862.)

Députés à l'Assemblée représentative du Comté venaissin.

1790.

De Barthelier, député de l'Isle.
De Blauvac, député des Sgrs feudataires.
De Canillac, député de Carpentras.
De Saint-Christol, député des Sgrs feudataires.
De Cohorn, député des Sgrs feudataires.
De Cousin, député de Cavaillon.
L'abbé de Crivelli, chanoine, député du clergé.
De Sainte-Croix, député de Mourmoiron et de Flassan.
De Crousnilhou, député du clergé.
De Dianoux, député de Sérignan.
De l'Espine, député des Sgrs feudataires.
De Fléchier, député de Pernes.
De Florans, député du clergé.
De Florans, député de Bedoin.
De Froment, député de la Palud.
De Gabriellis, député des Sgrs feudataires.
De Gérente, député d'Oppède.
L'abbé de Grandpré, député de Vauréas.
De Grandpré, député des Sgrs feudataires.
De Lapeyre, député de Bonnieux.
De Lapierre, député de Cabrières, Maubec, etc.
De Moléon, député des Sgrs feudataires.
De Proal, député de Pernes.
De Rivette, député des Sgrs feudataires.
Gaspard de Rivette, député des Sgrs feudataires.
De Robins, député des Sgrs feudataires.
De Seguins, député des Sgrs feudataires.
De Taulignan, député des Sgrs feudataires.
De Taulignan le jeune, député des Sgrs feudataires.
Tramier de la Boissière, député de Saint-Pierre de Vassols.

(*Extrait des procès verbaux imprimés en* 1790.—Bibl. de Carpentras.

PARIS — IMPRIMERIE DE DUBUISSON ET Cⁿ, 5, RUE COQ-HÉRON.

www.ingramcontent.com/pod-product-compliance
Lightning Source LLC
Chambersburg PA
CBHW070711050426
42451CB00008B/594